Zeichenleim

Über dieses Buch

Die Zeichen verbindet etwas. Im besten Fall die Menschen hinter ihren kleinen rechteckigen Scheiben, doch häufig nur ein Wortspiel oder ein zufälliger Reim. Der Verfasser der in diesem Buch versammelten Zeichen ist kein Dichter. Er möchte mit seinen Stücken ergründen, ob die Worte für uns mehr bedeuten, wenn wir sie zusammenleimen.

Felipe oGnzo

Zeichenleim

mit Reim

o Edit o | vier | 1. Auflage

Die Deutsche Nationalbibliothek verzeichnet diese
Publikation in der Deutschen Nationalbibliografie.

http://dnb.dnb.de

ISBN: 978-3-7519-3429-9

Herstellung und Verlag: BoD - Books on Demand,
Norderstedt

o Edit o

„Wir sehen uns vor Gedicht",
                    sprach die Lyrik zur Prosa.

In diesem kleinen Büchlein urteilt der Reim, richtet der
Klang der Worte unsere Welt. Wirkt nicht alles ein wenig
bedeutsamer, wenn man es reimt? Wir deuten so gerne
und achten ein wohl temperiertes Gedicht. Wir besinnen
uns wohlig, wenn es in seinen gewählten Worten spricht,
was wir gerne hören möchten. Doch die folgenden Texte
möchten nicht immer gefallen.

Ich möchte den Eindruck vermeiden, man könne mit mir
schwülstig in Gefühlen schwelgen, die sich mit ein paar
schön klingenden Worten für uns hübsch gemacht
haben. Ich möchte diese Welt nicht rüschen oder
verschleiern, sondern ihr mit meinen Beschreibungen
im besten Fall ein wenig näher kommen. Das wäre für
mich das Schönste, was Sprache vermag. Es ist etwas,
das wir alle täglich versuchen und woran wir in der Eile
häufig scheitern. Da hilft uns ein gut bedachtes Gedicht
und ab und zu ein wilder Zeichenrausch…

Felipe oGnzo

Mit Tastenstiften in der Hand,
beschreiben wir die vierte Wand,
und leugnen spielend Publikum.

Doch dreht sich dieses weg und um,
so formen wir nur Luftkultur
auf menschenleerer Server-Flur.

Luftkultur

Satiretäubchen

Die Welt ist so verschlagen.

Jetzt hat auch sie es geblickt. Es flattern ihre
Tauben und in ihre Empörung verstrickt, beginnt
sie, geflügelte Wörter zu klauben,
beflügelschlagfertig möchte sie anderen das
Ernste rauben.

Ihr Schluckauf der hickt.

Senden? Verschickt.
Sie wartet, sie blickt.

Ihre Witze verstauben und sie zürnt den anderen
Tauben

im Verschlag.

Das Leben ist hervorragend,
voller verzweigter Äste.
Wir zwitschern hoch in den Bäumen
und jeder neue Trieb ist das Beste.

Das Leben ist verdichtet,
ein wurzelloser Traum und
wer zwischen Blattwerk Boden sichtet,
der fliegt und fällt nicht vom Baum.

Wir vernetzen, verzweigen uns Wurzellose,
halten unser Handeln kaum noch im Zaum,
ragen hervor bei jeder Chose und
verlassen nie mehr den dichten Raum.

Raumkrone

Tal der Träume

Die Gemäuer alt, Schaften im Land, wildwüchsig
bedachte Intervente in die sich windende Weitsicht
unten im Tal.
zu stabil für die flüchtenden Blicke,
Fänge des Rauschens.
behauste Flecken in gegerbten Hängen,
eignete Herbergwipfel,
häusliche Wändelung, verschluchtet, imitiert
Bleiben in Höhlengewändern, belebt
erräumte Schlupfe,
Ortsbeute, felsige
Vermögen der warmen Schichten.
zierte Horizonte
für langsame
Träume.

Wer ist verantwortlich für all den nervösen Schaum?

hingegen

Die Stille entscheidet den Satdtmenschen kaum.

aber

Die Landschaft öffnet sich nur Träumenden.

als auch

Der Raum bleibt eng für die Räumenden.

weder

Für ein Veto braucht man jeden Daumen.

nichtsdestotrotz

Das Essen ist nur so gut wie der langsamste Gaumen

entgegen

Die Logik wird städtisch in größerer Rund.

entgegen und

und nochmals

und

Mitstimmen

Zentrifunghi

Ihr Feingeister meint, die Städte seien alternativlos aber voller Schenkungen. Doch jede Ruhe, jede ruhige Idee ist für euch bereits ein Moment voller Kränkungen.

Er verwendet Mediengeräte wie Blutegel für Hirndrucksenkungen. Sie wohnt selbst im Land der Freiheit in den alten Schränken voller Beschränkungen. Die Stadt und die Medien verlassen inzwischen mit ihnen das Land. Für sie bleibt der Rand nur ein rückständiger, dreckiger Fleck. Sie lassen nichts mehr zurück, glauben an ihren Dauerverstand und hüten penibel ihre Einsprüche, den Einbruch der Ereignisse, das nervöse Gepäck.

Wolltet ihr euch je von dieser Dichte abheben, die ihr vorgeblich verlasst oder die ewig alten Wellen und Strandungen? Wolltet ihr je mehr als eure Stadtrituale, elektrische Leitplanken und all die gewohnten Banden? Ihr möchtet nicht landen. Ich hingegen liebe die Freiheit der Randungen.

Blicke über Blicke
Überblicken Überblicke.

Ich habe das Blicken über
und inspiriere mein Denken
nicht mehr Über blicke,
sondern lieber zwischen
und unter meinen Freunden.

Rechteckige Scheiben

Im Aquarium sehe ich die Fische grasen.
Hinter Zischen und Blasen
vermuten sie frische Phrasen,
doch im Banne der Scheibe
regiert Langeweile die eckige Angelweide.

Auch unsere Welt kennt nur noch das Rauschen und
keine Frischephasen am Meer.

Warum stoßen sich Fische nicht die Nasen an den
Grenzen ihres Seins? Warum bauen sich Menschen
Terrarien und wo ist eigentlich meins?

Zwei drei Worte
Eins zurück
Drei Schritte weiter
Ein Wegesstück
Vier Blicke nach hinten
Ein Sicherheitsblick.

Verworfene Regungen
Und kein Geschick.

Das Leben
ein durchnummeriertes

Biopic

Ausdritt

Auf allen vieren invol viert,
drei zum run dritt,
zwei gan zweit,
eins an derl eine
nie all ein.

Um alte Gedankengerüste ranken Gelüste,
zerren mich die Küste entlang,
dürsten nach Wind,
fliehen den Fürsten,
verweigern den Gesang
düsterer Täler,
ersehnen sich Sonnenauf
statt Untergang,
Singen von Stürzen
am Hang,
stützen, mich
nicht,
sich.

Hang und für sich

Black to Track

Der Füße Boden wird zur Kluft, die geistige Arbeit meiner Hände wird zu Zeichen in der Luft, die Luft zu lose für ein Ende. Es taugt nur der Rhythmus noch für's Sein, nur das Licht strahlt, die Musik schallt, doch auch sie schaffen keine Wende, wenn nichts mehr will und nichts mehr eilt.

'Back to track' heißt die Devise, Auf das Dampfross, in den Stall, "Wir wollen alles wieder biegen, sie fragen nach Dir, überall!"

Und so gönnst Du ihnen Lieder, reimst das Leben wieder schön, strahlst sie an und streckst die Glieder, tust als wäre nichts geschehen.

Ich sehe sie augen,
Gehirne nachgelagert,
die Reflexion ungeschult,
Das nachlässige Achten.

Ich wähne sie glauben,
ihre Wirklichkeit fügen,
die Netze stabil in
den geerbten Trachten.

Ich sehe sie hauben,
sie starren verschleiert,
wahren Wahres,
das sie heimlich dachten.

Geben wir uns sauber für glaubende Augen unter
Hauben? Dachten die Trachten wir achten sie?

Sie trachten uns

Ernste Dämonen

Ihr räumt die Menschen, zäumt die Pferde, wollt die Leine für den Hund. Ihr lebt eure Zynik ganz ohne Kynik und verbietet anderen den Mund mit Ansichten so pathologisch, gegen das Gerede, für den Akkord. „Holt die Irren, bringt die Wirren, schafft die Widersprüche fort!"

Doch ich sehe euren geliebten Ernst gelegentlich in euch kämpfen. Er will nach Hause in seine saubere Welt. Er will euren Wahnsinn gar nicht mehr dämpfen und glaubt bereits an einen anderen Held.

Zufriedenheit ist eine Gunst,
die jeden Unfrieden entschuldigt.

Der Streit ist eine Kunst,
die den besseren Zeiten huldigt.

Solange der Kampf weiter besteht,
gibt es ein Ziel, für das wir kämpfen.

Falls jemand sich in Frust ergeht,
werde ich streiten, um ihn zu
dämpfen.

Streitlust

Manifrustration

Es gab nie ein Frustrat, nie ein Geronnenes, es flieht einer Form. Wir erschaffen es, vor unseren Augen, persönlich und voller Zorn.

Was wäre das bloß für ein Ding, für ein Götzenbild, dieses Frustrat? Hässlich, unanbetbar, ein Dorn, der Erfolgreichen Saat, der Staat der Erfolgreichen.

Worte wühlen, Punkte mischen, Konturen kentern, ein Floß aus Wasser flussen, Triebholz sammeln, Ströme bündeln, neue Landschaften zeichnen, etwas kündeln.

Scheidungen enten, Wege gabeln, den Raben krächzen an den toten Pfaden, aus der Vogelperspektive Boden halten. Befinde suchen, Sehnsucht fluchen, Auf enthalten.

Etwas Auf enthalten

Ordnungshüter

Und über Haupt. Nichts. Keine Hut zumindest. Die
Vögel frei in der Luft. Freikot für alle.
Köpfeversenken. Genies flüchten ins Unterholz.

Aller Seiten Könige. Eselsohren vermerken Schätze. Die
blaublütigen Esel leugnen Zacken. Kinder krönen
Reflexe mit Zentrik und Exzess.

Irgend wie. widert der Dirigent. Es pfafft der Unhold. Die
holde Ordnung scheint dahin. Ihr Kinderlein bleibet und
betet zum Erdenthron.

Wir orien tier en uns. An Logischen. Erfolgen der
Vergangenheit. Die Auto ri täten gut daran mit Ge
schicht im Schacht ohne Tunnellicht.

Es zwingt das Chaos zum Gedicht.
Wir wollen Einheiten zum Schreiten,
fort, weit weg von freier Sicht,
lieber verengte Verse, die begleiten.

Jedoch danke ich Stümpern ohne Reim,
den tumben Übersetzungen
von Aramäisch über Latein
hinein in deutschen Wörterleim.
Ich danke Naiven voller Glauben
und Luthers Wahrheitswörterdrang,
der die Texte der Potenziale beraubte,
bloß berichtete, mit wenig Gesang.

Es zwingt die Freiheit uns zum Dichten.
Denn wir wollen fort von allzeit Gesetz,
gesetzten Meinungen und Pflichten,
verstaubtem Code und dem Gehetz.

Bibeldichtung

Abendmahl

Nun lasset uns betrügen, beten wir all unsere Laster zu Blüten, betreten wir die Beete des Hirten und hüten uns nicht vor den Schafen, wie auch wir weiter wüten und wuchern ohne zu strafen. Lasset uns all die Lügen bewirten, opfern wir ihrer Gunst nun dieses letzte Abendmahl, hüllen wir diesen Saal endlich in einen düsteren Schleier, bis selbst das Tal in finsterer Nacht an uns als seinen Schrecken gedacht und wir frei von Angst und Tugend, dem Tod und seiner Jugend in uns die Kunst finden, vor ihr wieder nieder knien. So sei uns auch dieses Lied, diese so tönerne Leier letztlich verziehn.

Amen.

Es leimt uns der Reim,
Es linkt uns der Blickfang,
Betrügt uns, verführt und sucht uns heim.

Kein Blatt vor dem Mund,
Keine unscharfe Mittlung,
Fordern wir, trunken, der Wahrheit Kund.

Wir glauben nur noch schroffen
Richtungen bleiben offen.
Nur rau, schmerzhaft
stirbt für uns das Hoffen
authentisch, echt.

Schwindel.
Der Moral wird schlecht. Zu derb die Geschicht. Mir
recht. Scheiß Message-Massage. Scheiß Reimbericht.

Der Bericht bricht

Hochkultur

Zitternde Zitate, Indirektive, eine Verwaltung der
Hiebe, die Hybris der Diebe siebt unsere Worte, feige
Triebe durchwurzelter Treibsände sähen das Ende der
Weisheit in Autorengeblende, kunstetem Markt- und
Ständedünkel, Laternen voll der Aura in finsterem Tal,
die Kegel beleuchten die Lateralschäden nicht, ihr Licht
schreibt die sinneren Kreise fort, die das heimliche
Außen mit klauten Bannsprüchen auf traute Archive
verweisen, statt dunkle Seiten ihres Scheins zu bereisen
und mit nachtgeschärften Sinnen das Weite zu suchen,
beweisen sie ungefragt, dass es keine Anfänge mehr
gibt, die sie nicht bereits kennen, ihre Panik will kein
Rennen mehr, nur den Fundus deklinierter Gefühle, der
das Gewühle zu Zitaten gedruckter Wörter schändet,
sich selbst sendet im Wiederhall des Alten, erdrückende
Ordnung ohne Gestalten.

Es zerrt die Welt an unseren Festen,
sie zieht an unsicheren Resten,
an überflüssigem Verstand.
Sie weiß, sie wird von uns verkannt.

Weltgeltungssucht

Roman kopf tisch

Gedicht, Gedichtlein an der Wand, was ist das Romantischste im ganzen Land? Der Superlativ oder ein blumiger Vergleich? der Reim, Rhythmus, Selbstaufgabe, ein Reich
für die Liebe? Ein Kind, ein Haus, ein Regenschirm? Gestohlene Pferde, der Ausbruch,
ein variierendes Hirn? Oder die Ähnlichkeit in Präferenz und Geschmack? Etwa ein Königshaus, Tischmanieren, die Katze im Sack? Herausforderung, erotische Spannung, die explodierende Vereinigung? Anfängliche Unsicherheit, Ängste und deren Reinigung
in wachsendem Vertrauen? Forsche Eroberung, peinliches Scheitern, der Gnadensprung für das Mitleid auf der Planke? Idealismus, die Geduld tastender Worte, eine umwerbende Ranke
für die Zukunft?

Spiegel, Spieglein an der Wand, ich halte ein Gedicht vor mein Gesicht, doch es antwortet mir nicht,
nur sich selbst?

Scherz in takt.
Trak tat schlag.
Herz in fakt
starr und betagt.
Schmer zu nackt,
zu klar, es nagt.
v Er sagt im scherz,
plagt per Trak tat.

v Er sagt

Wo Mann singt

Schweigen, es grollt silberne Reden, sie ringen um große Würfe, hüten sich nicht. Halbseiden läutern sie ihre Kleider, bis der Hafer sie nicht mehr sticht. Doch wie man sich betet, so lügt man. Still singen die heimischen Krieger ihre heiße Luft auf die Mühlen boulversierter Nebensieger. Und lasen sich nieder.

Einstellungsverhältnis

Erkennen Sie sich wieder?
Sind Sie unsere Phantasie?
Sind Sie verrückt aber bieder
und beschweren Sie sich nie?

Lächeln Sie gerne unbegründet?
Stecken Sie für Geld auch ein?
Wenn beim Chef die Bombe zündet,
liegt dies an Ihnen ganz allein?

Souveräne Kleiderschule?
Etwas Flirtbasis im Lebenslauf?
Wenn ich mal um Geltung buhle,
geht auch mal die Bluse auf?

Sie sind glücklich über Demut,
schauen dankbar zu mir auf?
Besitzen Fetische als Wehmut
und loben mich, wenn ich sie kauf?

Sie kennen normale Lustvertriebe?
pflegen Peitschenhierarchie?

Suche Profi für meine Triebe,
Wenn möglich weiblich und auch bi.

Schicken Sie mir Ihre aussagekräftige Bewerbung.

Ihr zukünftiges Vorgesetztes.

Ihr wollt doch eine schöne Welt, oder?
Voller Zuversicht und Stützung,
voll der Phantasie und Brüstung
und stürmendem Dränger unter dem Balkon.

Ihr wollt doch eine schlaue Welt,
voller Weitsicht und weiser Nutzung,
Freigeist und Spitzung und Charismaten
verführerischster Facon.

Ihr tötet dann die Lieder,
rechnet runter die Poesie,
fordert die Welt nicht mehr heraus,
hofft, dass Folgen ihr gefällt und
drückt damit das Schöne nieder,
fördert keinen Geist, nur

Erfolgreiches Vieh

Entzweckung

Mit Taten für die Außenwelt,
Versprechen, die man lieber hält,
Mit Sorge um Un-tätigkeiten,
stabile Zwänge, die begleiten,
Wissen um die Lebensphasen,
Standardträume, Seifenblasen,
Planungen für Ausgleichsfreuden,
Müssen Urlaub unvergeuden,
Einkaufen nach Kochrezept,
extra Gläser, die man nippt,
Sextermin am Wochenende,
Band heißt 'wo sind eure Hände',
abgesteckte Feierzeiten,
Partyplanner, Feierleiten.

Ein Leben mit dem Kopf im Strand.
Der Zweck verfolgt wohl eigene Zwecke.
Der Sinn bleibt oberirdisch,
Gott, Gestrüpp und Hecke.

Ein schöner Versuch das Gedicht. Wenige Sätze, die wir als Werk verstehen und würdigen. Welche Schätze uns wohl entgehen, während wir Worte ohne Reim verachten? Gedanken, die wir dachten, die nicht wertvoll auf Papier entstehen.

Wir müssen gehen

Weiterhirn

Auf den Schultern von Hinweisen Hirne wetzen,
mit stetem Klopfen eine Höhle stürzen,
Philosophenberge abtragen.

Streithähne in Unschuld waschen,
zweimal im selben Fluss treiben lassen,
alle irrenden Tiere zu Menschen erklären.

Den Eingang der fremdverschuldeten Mündigkeit
suchen. Eintritt nehmen. Religionen stiften
und den Sex mit toten Göttern fordern.

Nachwort

Auszug aus dem „Fazit der Reimforschung"

„Ich werde dieses Reim-Experiment nun beiseite legen. Das Schöne, da Pragmatische einer wissenschaftlichen Herangehensweise ist, dass ein Experiment einen begrenzten Ort (Labor, Biotop, Untersuchungsgegenstand) oder einen begrenzten Zeitraum für ein vorläufiges Ergebnis pflegt. Dieser Ausschnitt aus Zeit und Raum wurde von mir definiert und nun geschlossen. [...] Ich ziehe weiter.

Ich habe nie daran geglaubt, dass meine Worte durch Reime mehr Sinn ergeben. Ich habe gelernt, klare Aussagen auch in normalen Sätzen zu formulieren und in dieser Hinsicht war "Zeichen mit Reim geleimt" für mich nur ein Selbstexperiment.

[...]

Die Form an sich ist kein Selbstzweck: Gedichte sind eine ästhetische Aufladung der Sprache, die in Westeuropa ihren Ursprung in dem Rhythmus und Versmaß der griechischen Redner hat. Die kulturelle Hegemonie Griechenlands und später Roms in Europa, Asien und Nordafrika hat den Vortrag eines Anliegens vor Gerichten, vor dem Volk oder dem Senat professionalisiert. Ein solcher Vortrag erforderte von den Rednern nicht nur

Logik, sondern auch Eloquenz und eine wohlklingende Ausarbeitung der Worte. Der Rhythmus ist Erbe dieser oralen Kultur des Vortragens, bekommt durch neue Schrift-Medien jedoch den Aspekt der „Schriftlichkeit" hinzu.

Ich glaube, wir erinnern bei Reimen und rhythmischen Wortreihen immer noch diese Eloquenz antiker Genies, Dichter und Philosophen. Diese Aura antiker Weisheit, die ewig gilt. Dieser Versuch des zeitlosen Aphorismus, der wohl formulierten menschlichen Erfahrung macht Gedichte so „romantisch". Es soll etwas entstehen, das bleibt, obwohl wir vergänglich sind.

Nun zu meiner Erfahrung. Ich habe alle Gedichte nicht vorgedacht, sondern meist impulsiv begonnen. Manchmal stand auch nur ein Wortspiel zu Beginn. Es war aber eher mein Wunsch, ein ganz bestimmtes Gefühl oder eine Beobachtung zu beschreiben. Dieses deskriptive Anliegen kam an eine Grenze, wenn es um die Reime ging. Eine Grenze, die ich nach und nach freier ausgelegt habe. Man muss sich auf die zufälligen phonetischen Ähnlichkeiten der Sprache einlassen, biegt und beugt die Worte, bis es schließlich passt, mal erfolgreich, manchmal ewig tüftelnd.

Letztlich war es eher der Rhythmus und sein bewusster Bruch, an dem ich mich orientiert habe. Das geschriebene Gedicht ermöglicht hier noch mehr Anarchie in der Sprache, da den Lesern immer ein zweiter Blick zugemutet werden kann. Würde man solche Gedichte vortragen, gingen wohl einige Dimensionen verloren.

Viele Beiträge [...] entstanden zunächst im Twitter-Eingabefeld mit [damals] 140 Zeichen. Ich finde, dies ist ein wichtiger Hinweis darauf, dass es nicht explizit der historisch vorbelastete [...] ‚Reim‘, sondern eher ein generelles Spiel mit Worten ist, das man als produktiv bezeichnen könnte. Der jeweilige formelle Rahmen - ob 140 Zeichen oder ein Reim am Ende jeder Zeile - ist relativ egal. Solange er existiert und das kreative Formen nötig macht. Der Rahmen ist das, was uns zu Abstraktionen und Verkürzungen zwingt. Wir Menschen versuchen, die Grenzen des reinen Zeichenmaterials zu sprengen und darin trotz der Enge produktiv zu sein, vielleicht sogar eine anarchische oder formale Befriedigung zu finden.

Das Gedicht ist hier die phonetisch-rhythmische Form des Ausbruchs. Twitter kann hier meiner Meinung nach noch viel mehr, denn es macht durch formellen Zwänge mehr Menschen zu Dichtern, ohne auf Reim oder Rhythmus zu bestehen.

o Edit o Edit on

Pseudonymphen
Einhörner und Zuckerwatte
978-3-7519-3381-0

E-Book:
978-3-7519-8732-5

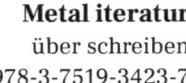

Die verbliebene Fähigkeit
mit der Welt zu flirten
978-3-7519-3384-1

E-Book:
978-3-7519-8728-8

Metal iteratur
über schreiben
978-3-7519-3423-7

E-Book:
978-3-7519-8729-5

Zeichenleim
mit Reim
978-3-7519-3429-9

E-Book:
978-3-7519-8730-1